AF542576

ELISÉE OU CIMETIERE PUBLIC

Sujet du grand prix proposé par l'Institut.
Et remporté par Gasse. L'Ainé en 1799. An 7. de la République

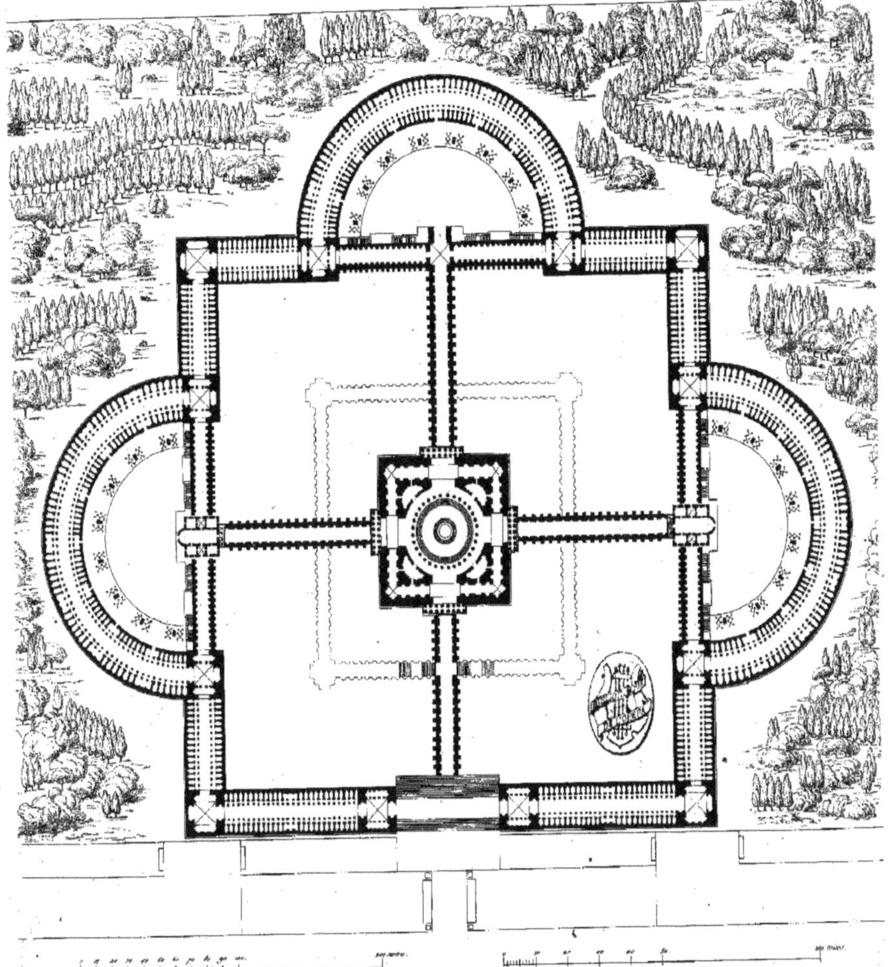

PROGRAME

Cet Elisée sera couronné de terrasses ou de plantations propres à la promenade
et au recueillement. il sera d'un accès facile et qui n'ait rien de repoussant.
Au centre sera un Monument ou Cénotaphe commun ouvert de toutes parts et
environné de portiques pour recevoir les tombeaux des Hommes illustres les Souterrains
Serviront de dépot pour les Corps.
Le terrein sur le quel l'Elisée avec ses accessoires sera projeté
n'excédera pas 500. metres dans sa plus grande dimension.

Élévation et coupe du Cimetière public par Gasse l'Aîné

63

ÉLISÉE

Grand prix de l'an 1799 par Granjean.

Plan général.

A. Plantations d'Arbres sous les quelles seraient placées les Sépultures particulières.

B. Canal isolant entièrement le lieu des Sépultures,

C. Autels placés auprès des monumens élevés à la mémoire d'hommes illustres

D. Monumens consacrés aux Vertus.

E. Vestibule servant d'entrée aux catacombes, où l'on exposerait les corps avant leur inhumation.

F. Escaliers qui conduisent au sol de la terrasse.

G. Salle pour Célébrer les Cérémonies funèbres

H. Galeries où seraient déposés les Corps des hommes illustres.

Nª. Au travers des Catacombes suivre le temple de Mémoire

I. Logemens des Gardiens et préposés au service de l'Élisée.

K. Tribune pour les Oraisons funèbres.

L. Amphithéâtre pour le peuple qui devra juger si le défunt a mérité d'être inscrit et déposé au Temple des vertus.

M. Temple des vertus

N. Sépultures publiques

O. Plantations de lauriers à l'ombre des quels seraient enterrés les défenseurs de la patrie.

P. Plantations de Cyprès.

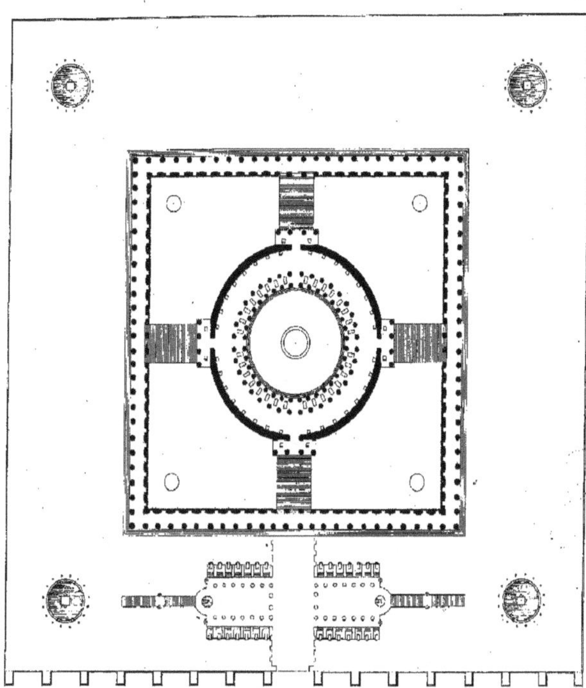

ELISEE OU CIMETIERE PUBLC.

Sujet du grand prix proposé par l'Institut et remporté par Grandjean en 1799. An 7 de la République.
N.^{te} l'Institut décerna cette année deux 1ers prix.

Élévation de l'Élisée en Cimetière public par Granjean.

[illegible] AV SEIN DE LA GLOIRE LE PETIT NOMBRE DE CEVX QVI ONT VECV POVR LA POSTERITE [illegible] ET SVR LES CENDRES VENERABLES DE CES HOMMES ILLVSTRES APPRENNENT A MERITER LES RECOMPENSES DVES A LEVRS VERTVS ET A LEVRS [illegible]

Coupe de l'Élisée ou Cimetière public, par Granjean.

ÉLISÉE OU CIMETIERE PUBLIC.

2me grand prix remporté par Guignet en 1799. l'An 7.

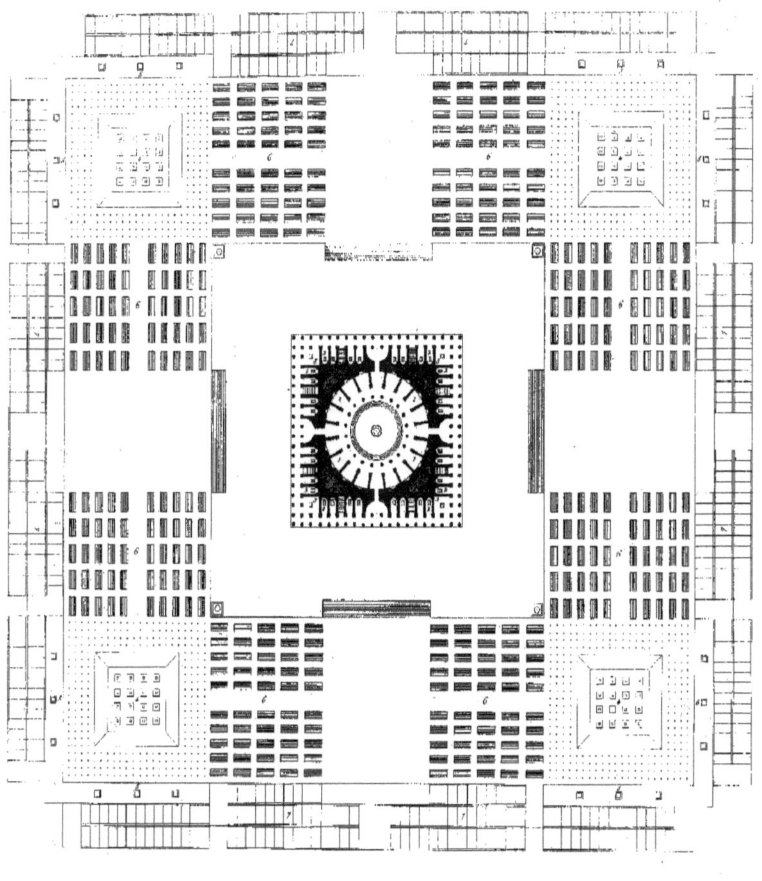

1. Chambres sépulcrales consacrées à recueillir les restes des hommes qui ont exercé les fonctions publiques avec honneurs.
2. Tombeaux destinés aux hommes qui se sont illustrés par des vertus héroïques.
3. Logements des gardiens et lieux destinés à déposer momentanément Les cercueils caractéristiques des morts avant leur inhumation.
4. Sépultures particulières entourées de Cyprès.
5. Tombeaux destinés aux hommes qui se sont distingués par des vertus civiques.
6. Sépultures publiques
7. Rampes pour l'arrivée des Convois et pompes funèbres.

Coupe et Élévation de l'Élisée ou Cimetière public par Gisquet. 2e prix.

100 mètres.

50 toises.

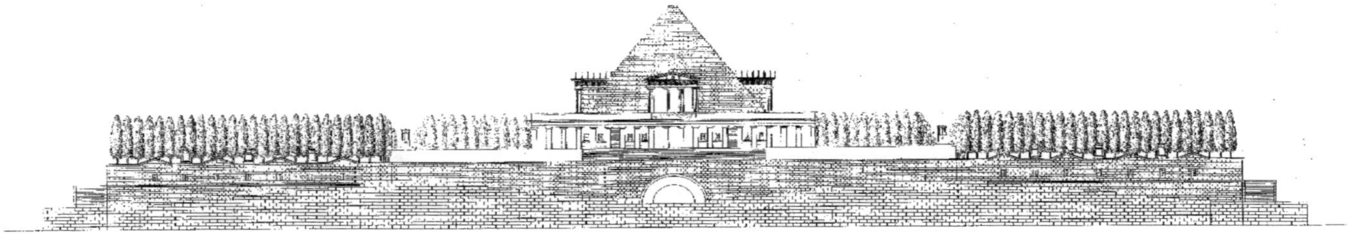

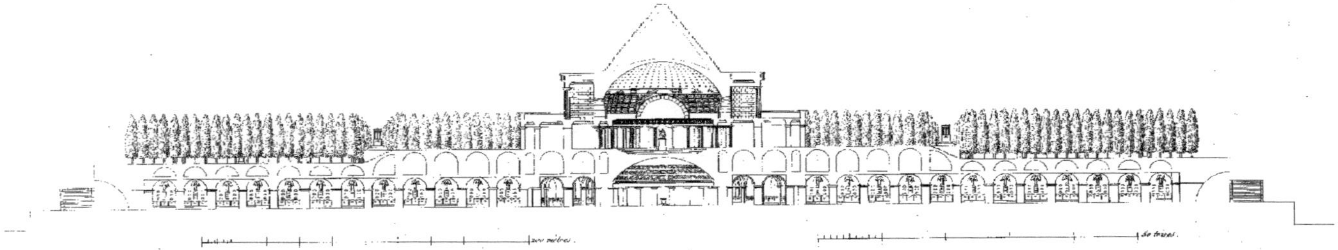

ECOLE NATIONALE DES BEAUX ARTS

Sujet du grand prix proposé par l'Institut et remporté par Dallet en 1800. l'An 8e de la République.

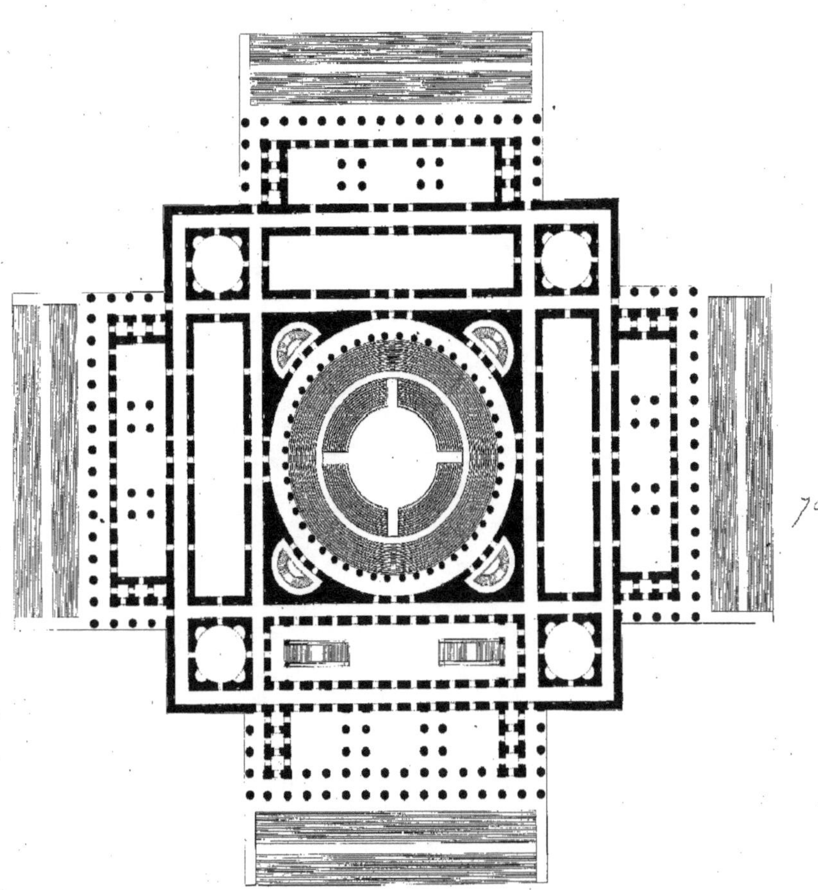

10 20 30 40 50 mètres

5 10 15 20 25 toises

PROGRAME

Cet Edifice contiendra une grande Salle Capable de recevoir neuf à dix mille personnes et destinée à proclamer et distribuer les récompenses Nationales qui auront été décernées dans les differens concours.

Il y aura des Salles pour l'Exposition des Ouvrages. une partie distincte de l'Edifice renfermera les pieces propres à l'Etude des beaux Arts et une Bibliotheque pour le même objet. Ces diverses parties seront liées entr'elles et Communiqueront par des galeries.

Ce Monument est susceptible de la décoration la plus Noble et la plus imposante. On est libre de donner à l'Ensemble de l'Edifice telle forme que l'on voudra en se renfermant dans 20,000 mètres de superficie.

Élévation de l'École nationale des Beaux arts, par Vallois.

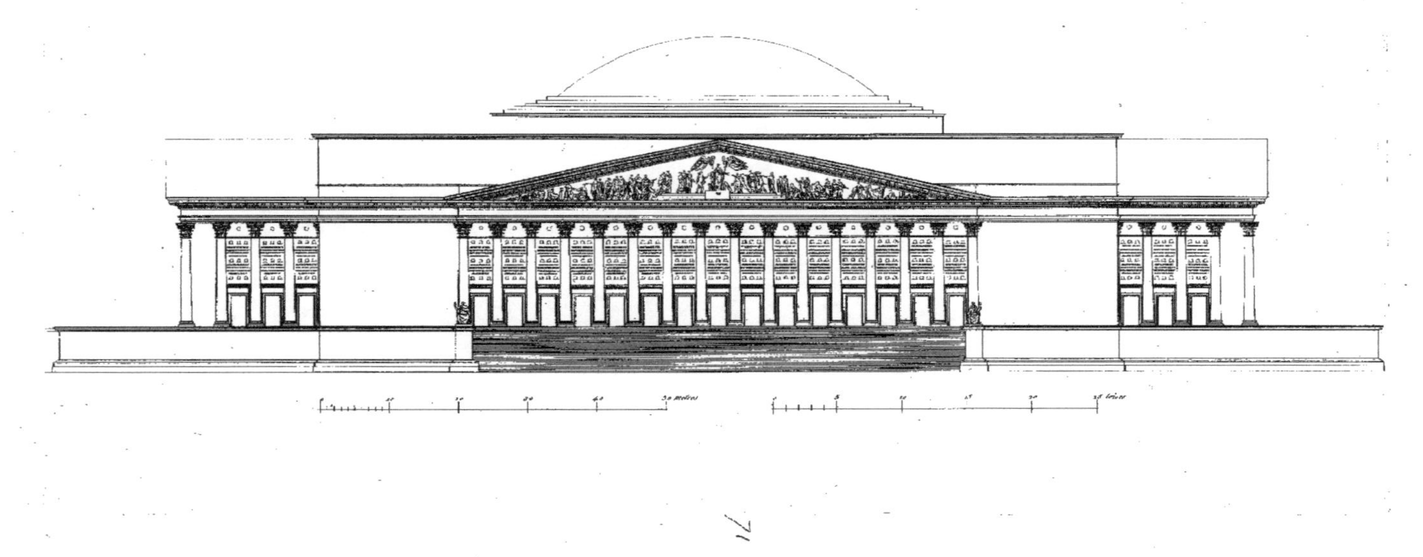

Coupe de l'École nationale des beaux arts, par Vallot.

72

ECOLE NATIONALE DES BEAUX ARTS,

Sujet du grand prix proposé par l'Institut et remporté par Ménager en l'an 8. de la République.

N.a l'Institut décerna cette année deux premiers prix.

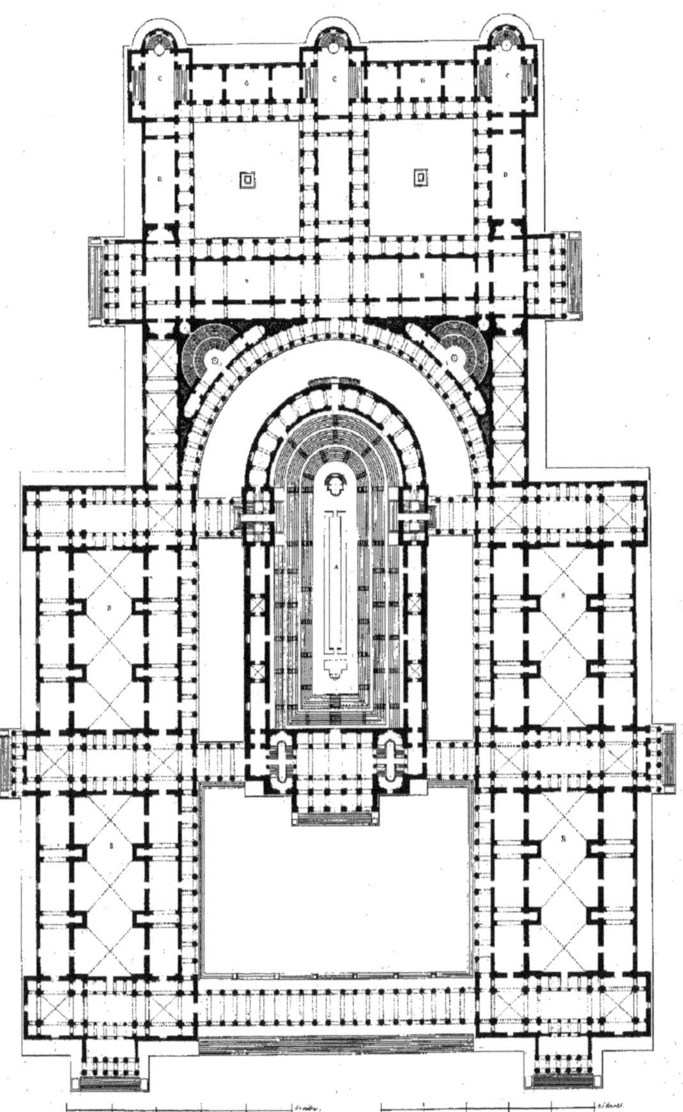

73

A. *Salle d'Assemblée publique.*

B. *Salles d'Exposition des ouvrages qui auront remporté des prix,*

C. *Salles d'Étude pour la peinture, la Sculpture et l'architecture.*

D. *Salles des Concours.*

E. *Amphithéâtre pour l'Étude du modèle vivant.*

F. *Amphithéâtre pour l'Étude de la Bosse*

G. *École du trait Salle de mathématiques et pièces de Service*

H. *Bibliothèque de l'Établissement.*

Élévation de l'École nationale des Beaux Arts, par Ménager.

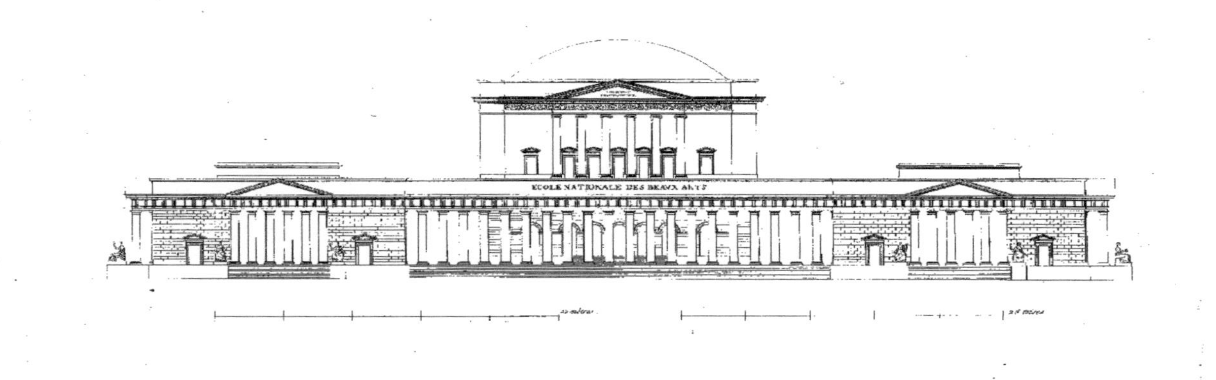

Coupe de l'École nationale des Beaux-Arts, par Ménager.

75

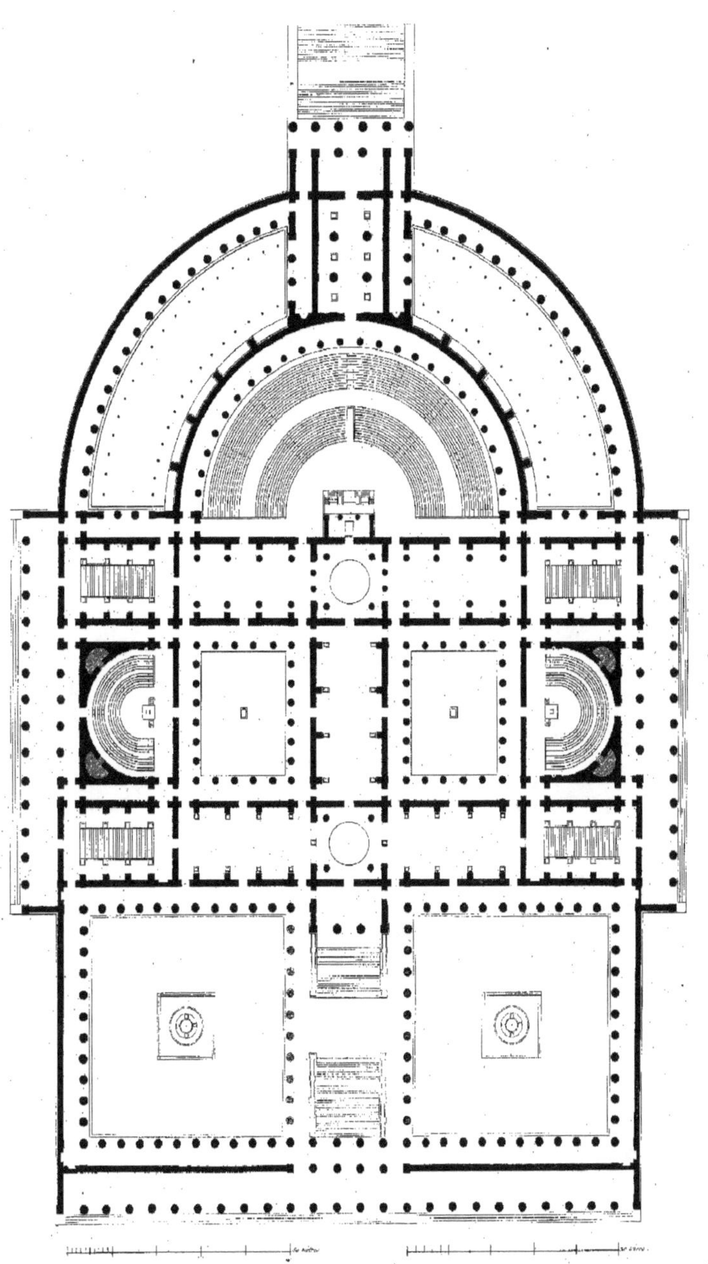

ÉCOLE NATIONALE DES BEAUX ARTS.

2me Grand prix remporté par Dédéban, en 1800. l'an 8. de la République.

76

Élévations de l'École R[le]. des Beaux-Arts, par Dédéban, 2me prix.

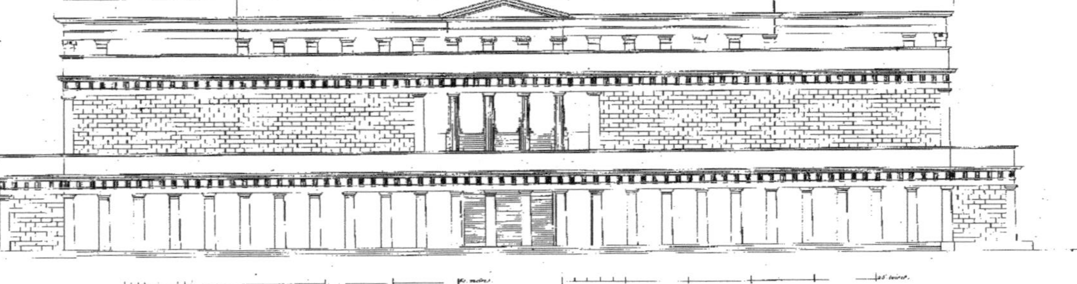

77

Coupe de l'École Rle des Beaux Arts, par Dédéban 2me prix.

78

Colonne à ériger en l'honneur de l'Armée de réserve. Médaille obtenue par Gibon le 30 frimaire An 9. 20. Décembre 1800.

PROGRAMME. *On propose pour Prix d'émulation une colonne à l'Armée de réserve pour être élevée à Dijon quartier Gl. de cette Armée pour l'expédition de Marengo.*

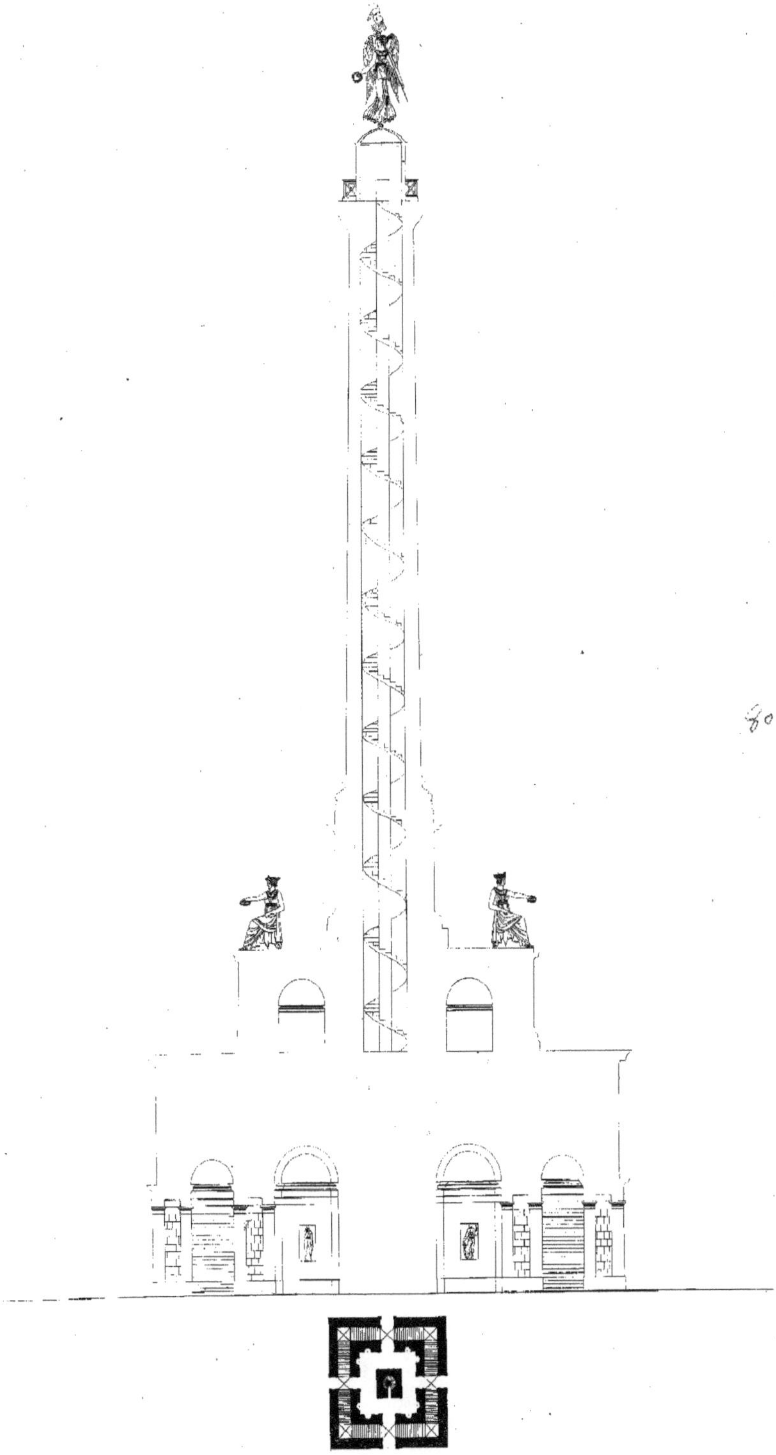

80

Coupe de la Colonne d'Albon.

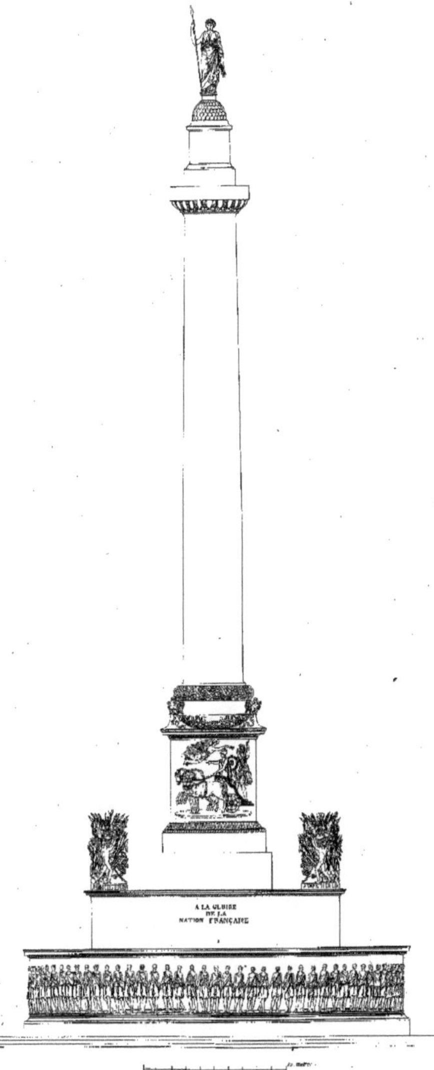

Élévation de la Colonne Nationale par Moreau.

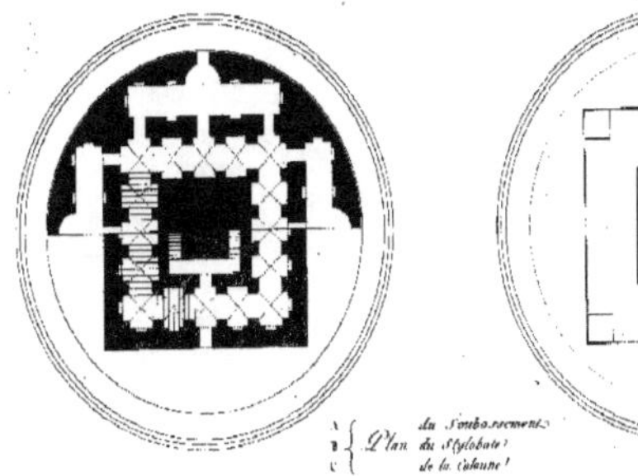

A } Plan du Soubassement
B } Plan du Stylobate
C } Plan de la Colonne

Plans et coupe de la Colonne nationale par Moreau,
Projet couronné dans le concours public ouvert par le Gouvernement,
en 1800. L'an 8e. de la République.

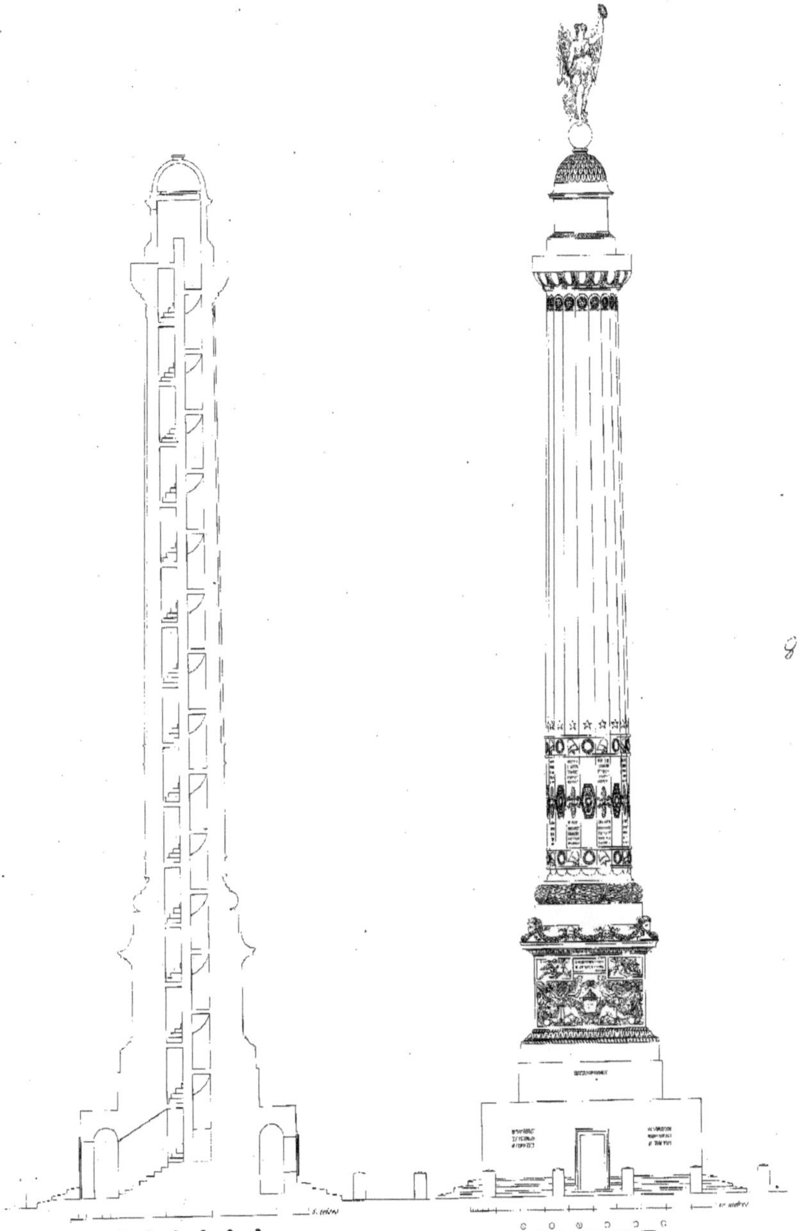

5 toises

10 mètres

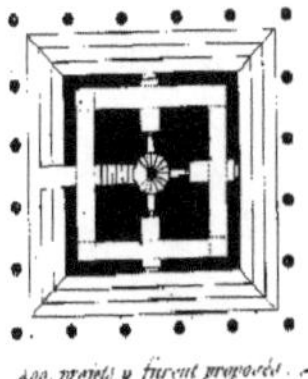

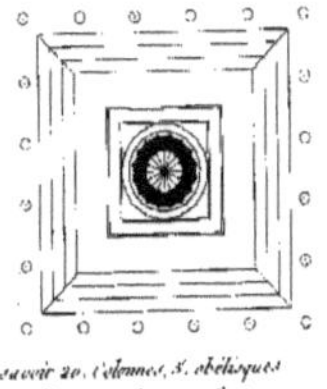

Projet de Colonne départementale pour la Place Vendôme à Paris, prix remporté par Sobre architecte et Auger Sculteur, dans un Concours ordonné par le Gouvernement le 29. Ventose An 8.

400 projets y furent proposés. La Commission nommée par le Ministre en distingua 38. savoir 20. Colonnes, 8. obélisques 2. Termes et 9 Monumens divers. Celle-ci a été désignée la quatrième et se trouvoit la première de Celles proposées pour Paris.

Nta. La Colonne Nationale dont le modèle a été érigé était un Objet distinct des Colonnes départementales.

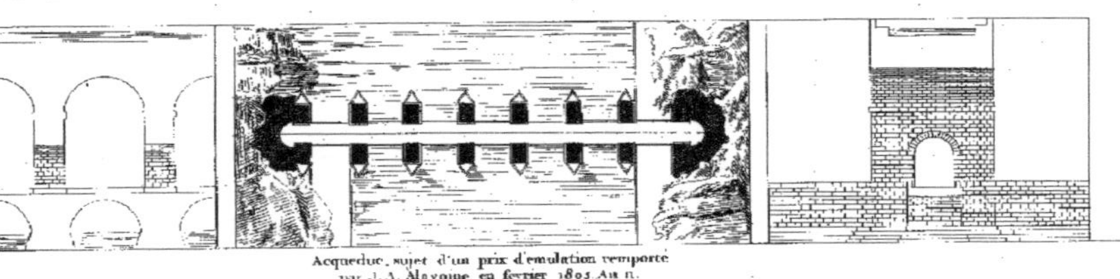

Acqueduc, sujet d'un prix d'emulation remporté
par J. A. Alavoine en fevrier 1805. An 11.

Ecole de Navigation, Prix d'Emulation remporté par H. Lebas, en floréal An 8...1800.

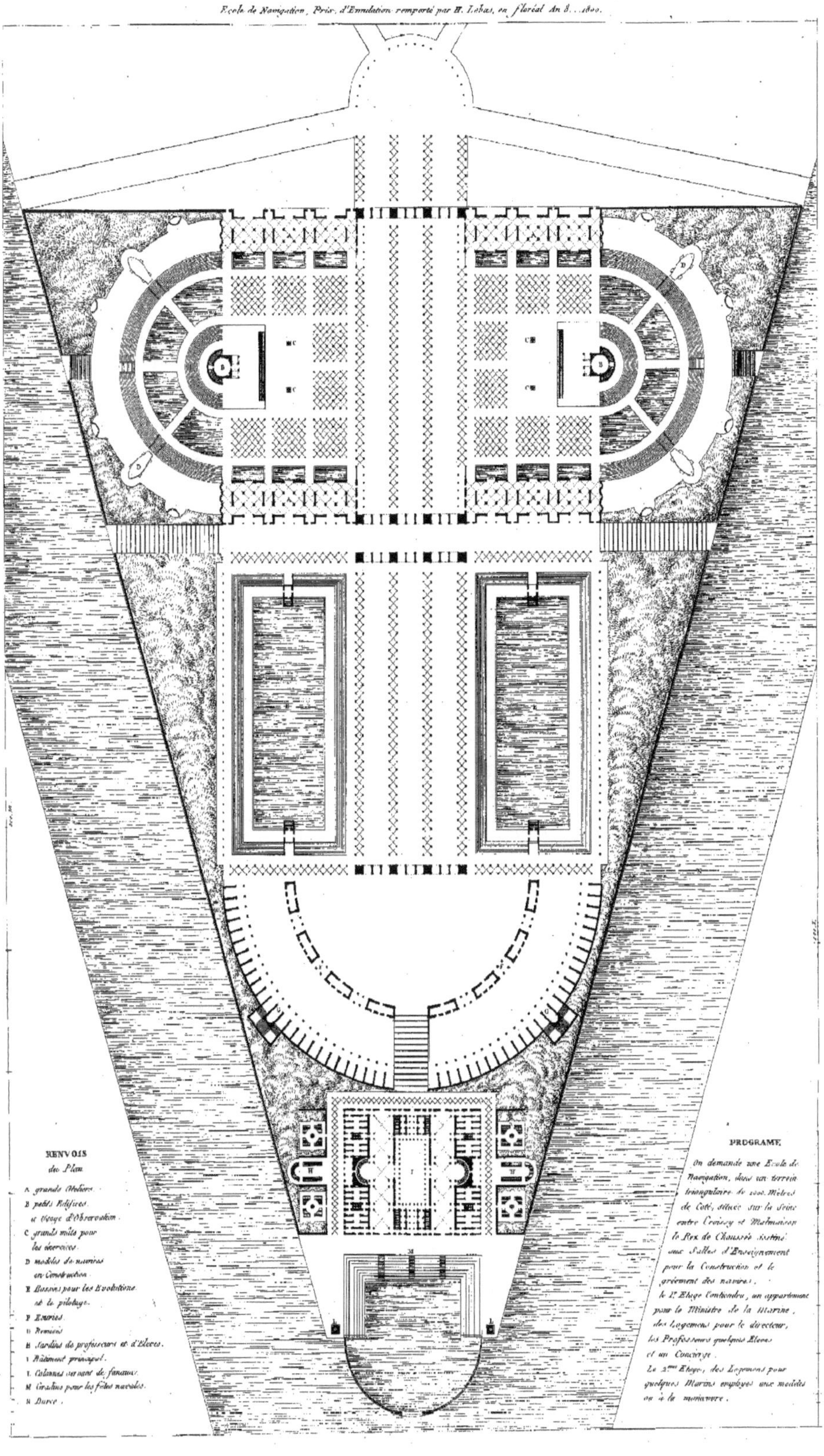

RENVOIS

des Plan

A *grands Ateliers.*
B *petits Edifices et Kiosque d'Observation.*
C *grands mâts pour les exercices.*
D *modèles de navires en Construction.*
E *Bassins pour les Evolutions et le pilotage.*
F *Ecuries.*
G *Remises.*
H *Jardins des professeurs et d'Elèves.*
I *Bâtiment principal.*
L *Colonnes servant de fanaux.*
M *Gradins pour les fêtes navales.*
N *Darce.*

PROGRAME

On demande une Ecole de Navigation, dans un terrein triangulaire de 2000. Mètres de Coté, situé sur la Seine entre Croissy et Malmaison le Rez de Chaussée destiné aux Salles d'Enseignement pour la Construction et le gréement des navires.

le 1.er Etage Contiendra, un appartement pour le Ministre de la Marine, des Logemens pour le directeur, les Professeurs quelques Elèves et un Concierge.

Le 2.ème Etage, des Logemens pour quelques Marins employés aux modèles ou à la manœuvre.

Élévation et coupe de l'École de Navigation par H. Lebas.

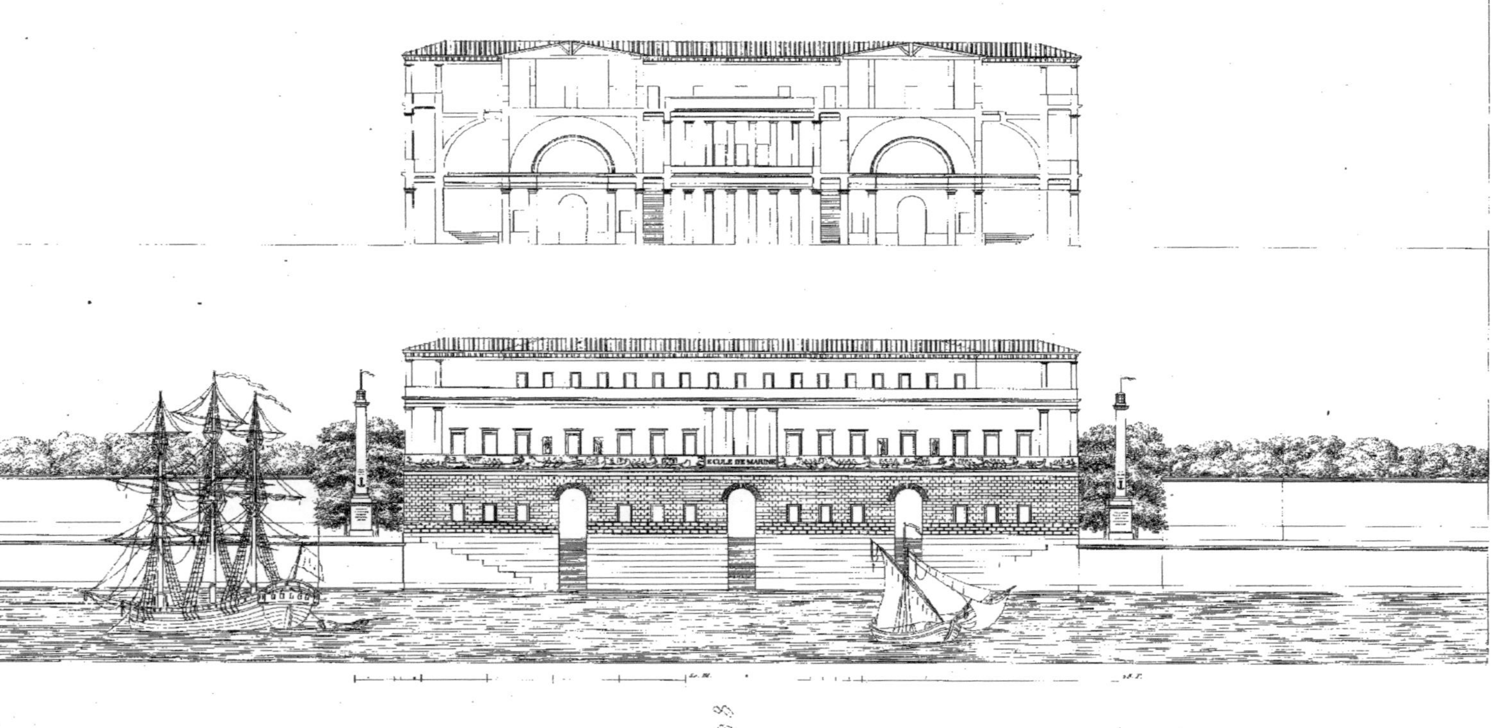

Plan d'un Prytanée, Prix d'Emulation remporté par Gasse en Vendemiaire An 9 – 1800.

PROGRAME On demande un Tribunal de Cassation, un appartement magnifique pour y recevoir et traiter les Ambassadeurs, un batiment propre a entretenir aux frais du Gouvernement Dix Citoyens qui par des services éclatans auroient mérités cette récompense, des jardins et de Vastes espaces découverts et environnés de Péristiles pour y donner des festins.

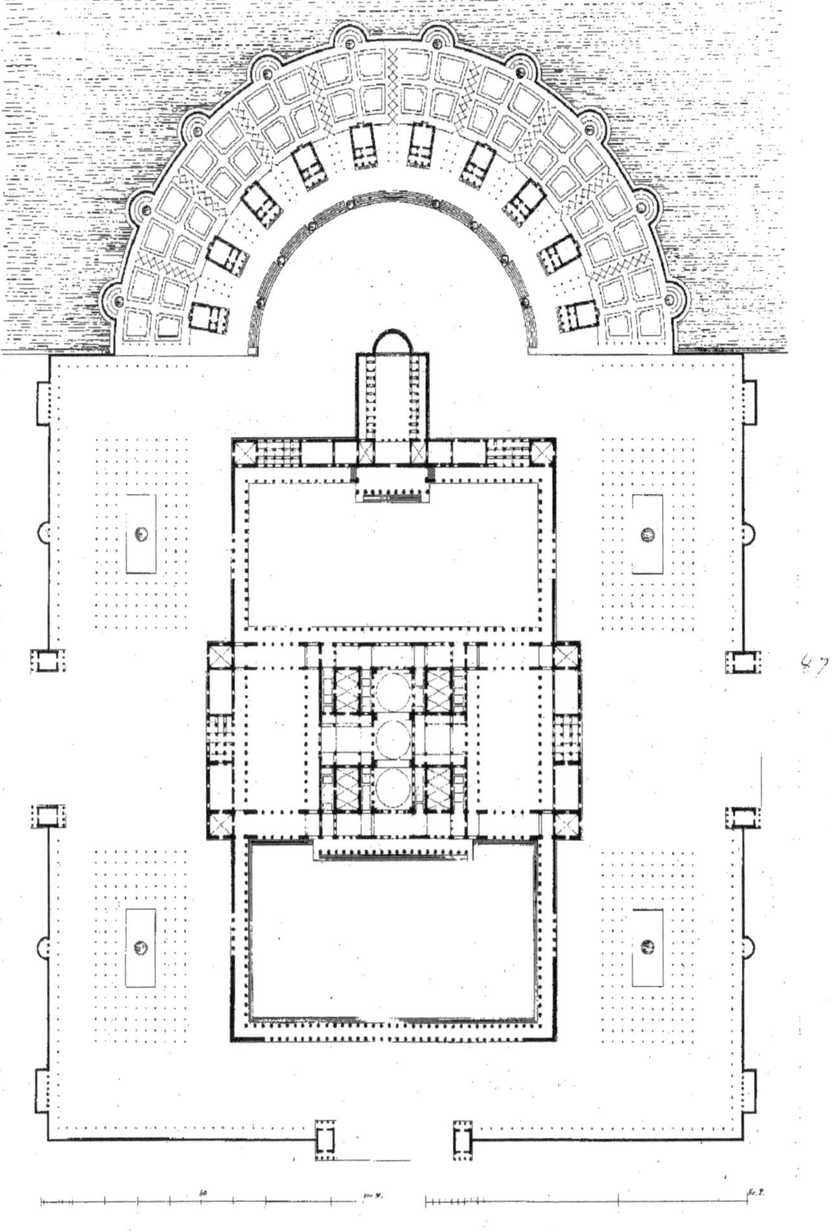

Élévation et Coupe du Prytanée par Gisors

88

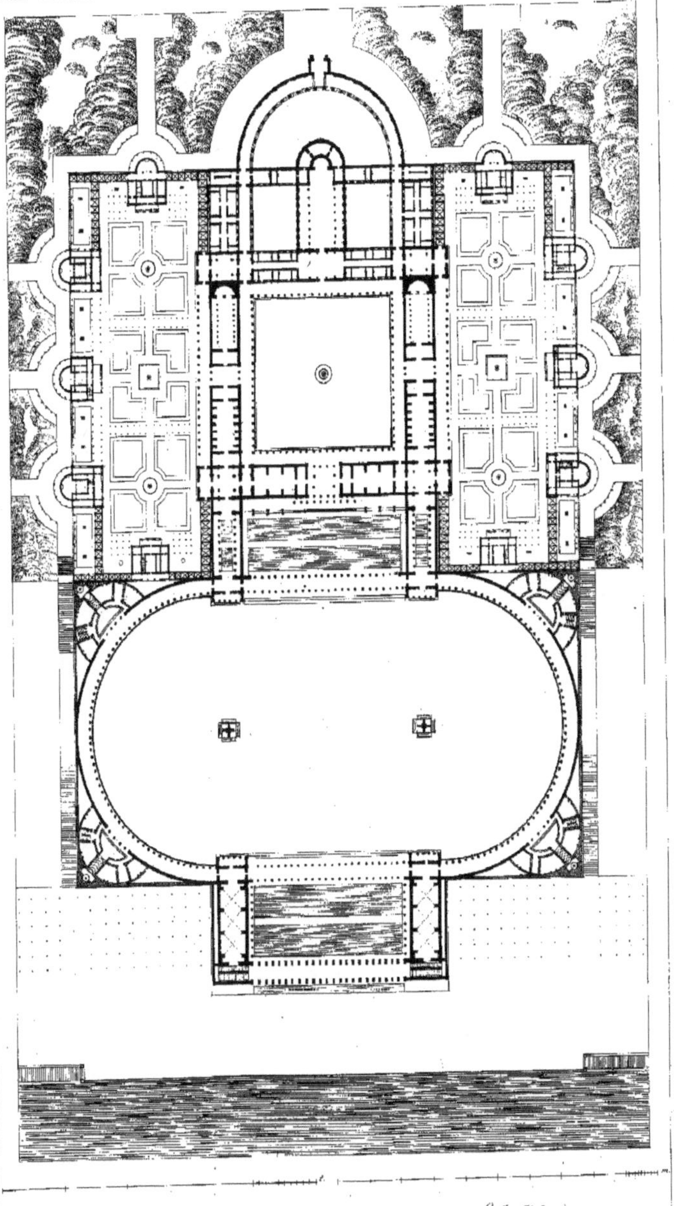

Plan général du Prytanée, deuxieme prix d'Emulation remporté par Labadie.

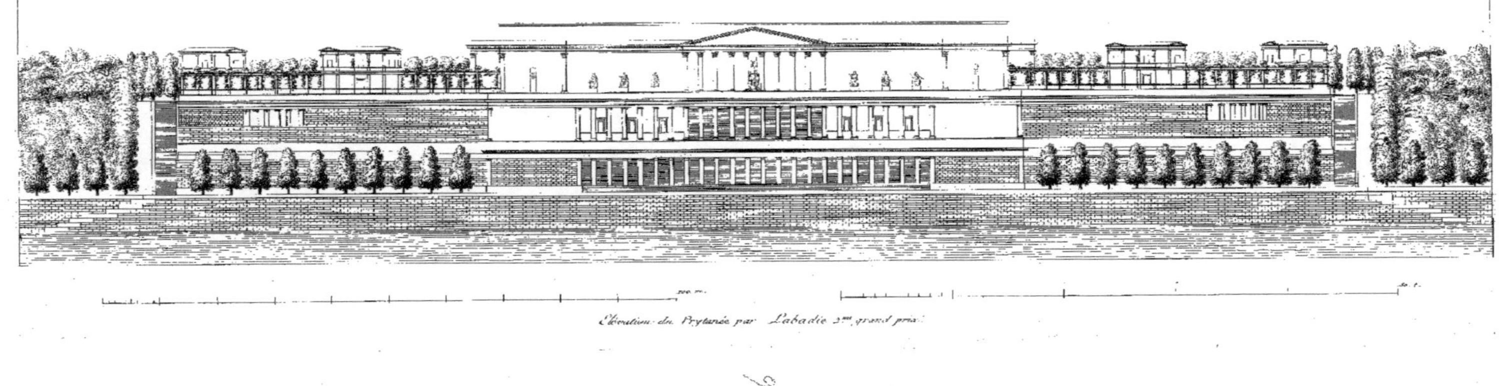

Élévation du Prytanée par Labadie 2me grand prix.

9

100. m.

50. t.

Coupe du Prytannée par Labadie. 2me prix

Arsenal *Prix d'Émulation remporté par Blanchon en l'An 9 . . 1801.*

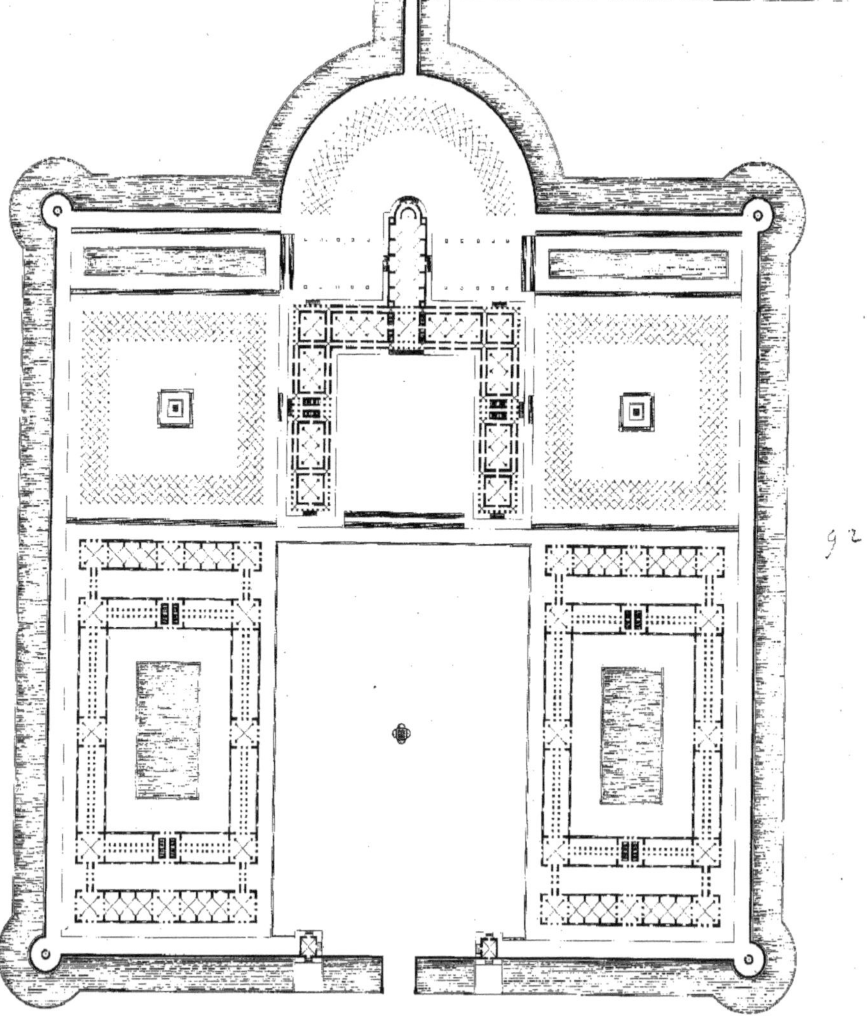

PROGRAMME. *On demande un Arsenal de terre, sur le bord d'une Rivière navigable. Il y aura un Corps de bâtiment principal qui comprendra Les bureaux et dépendances Nécessaires à l'Administration de l'Établissement, une Salle de conseil, une Salle d'Armes et des Logemens pour les Officiers. D'autres corps de bâtiment comprendront des Magasins pour les divers matériaux, de Vastes ateliers pour les Différens travaux et des Logemens pour les Ouvriers.*
Nª. Les fonderies et le Magasin à poudre étant supposés à part et isolés, ne feront point partie du projet demandé.

Élévation et coupe de l'Arsenal, par Blanchon.

Plan d'un Cénotaphe à Newton. Prix d'Emulation remporté par Gay en Brumaire An 9-1800.

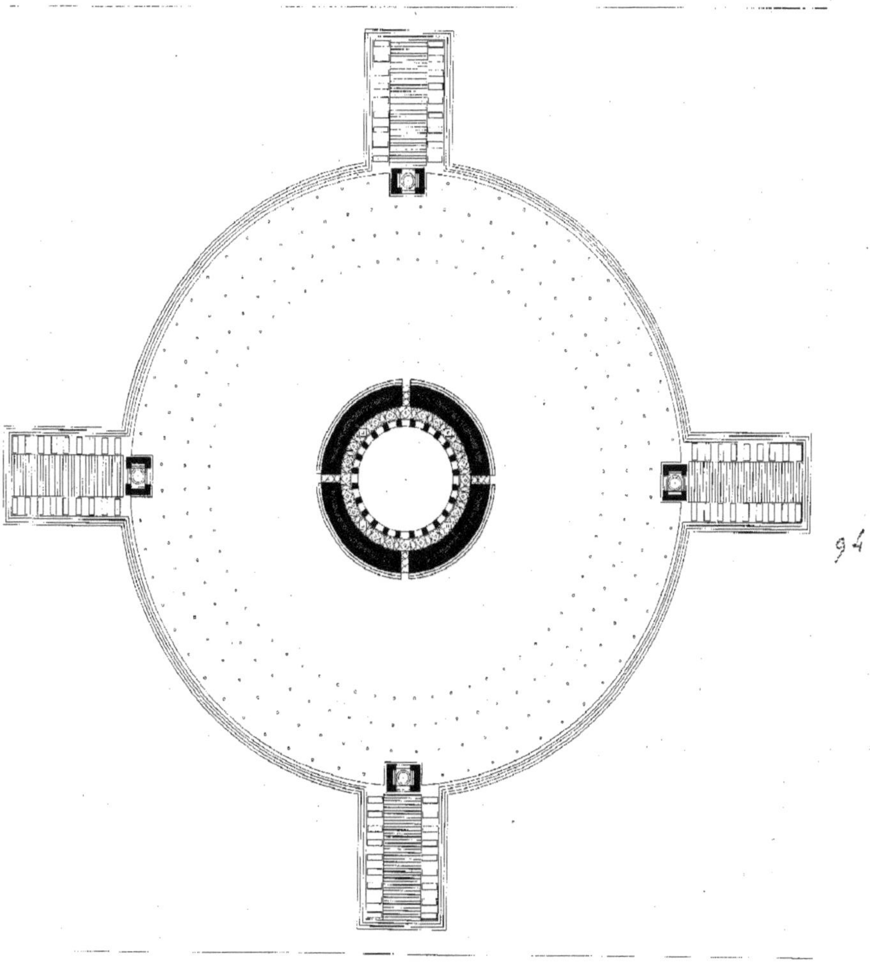

PROGRAME.

On demande un Cénotaphe à Newton. Ce Philosophe étant celui qui a le mieux expliqué la force qui régit notre système planétaire pour caractériser le Monument, l'intérieur sera une sphère creuse au Centre de laquelle sera un globe représentant le Soleil et l'urne qui contiendroit la Cendre de Newton. La sphère auroit au plus 20 mètres de diamètre. On ne détermine pas la figure de l'extérieur mais on suppose l'édifice entouré d'une enceinte dont la plus grande dimension seroit d'environ 200. Mètres.

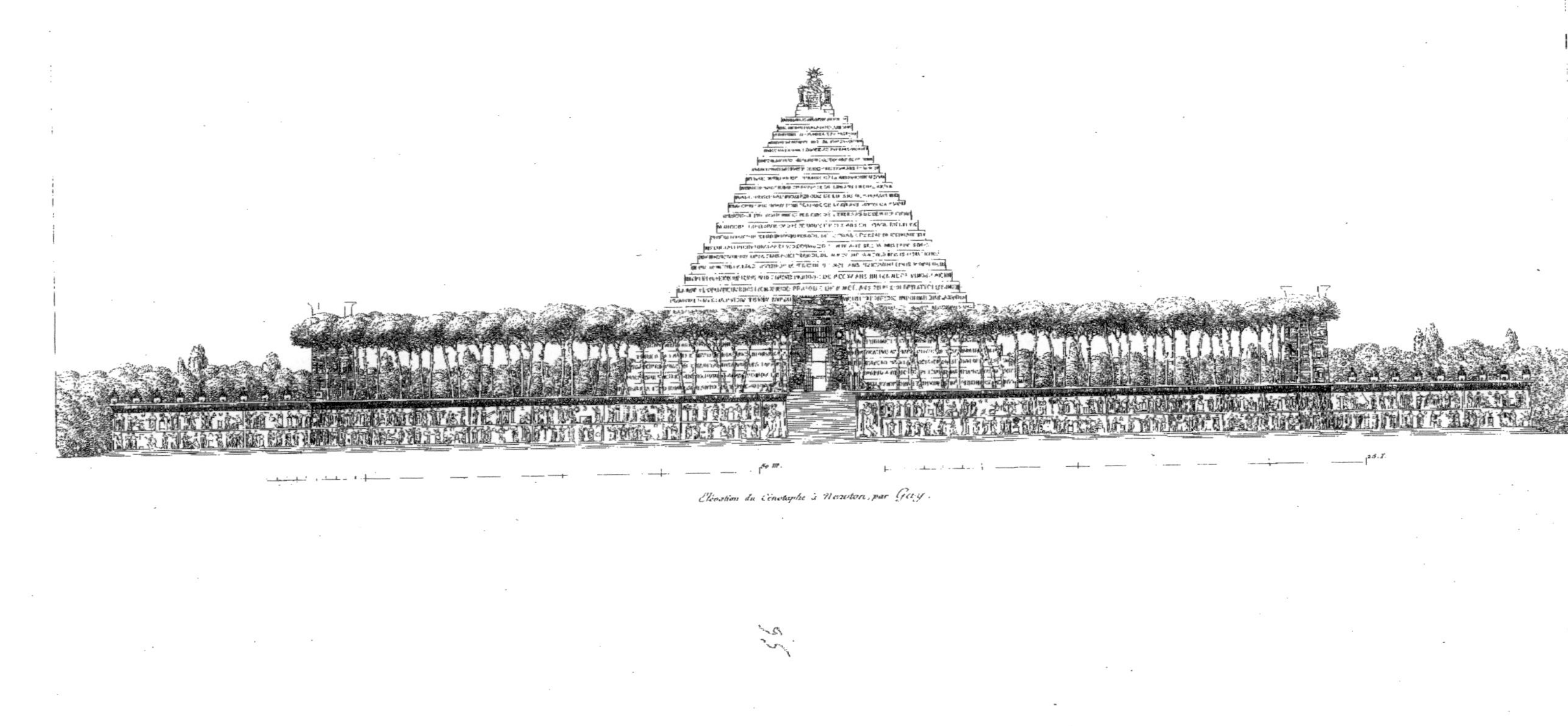

Élévation du Cénotaphe à Newton, par Gay.

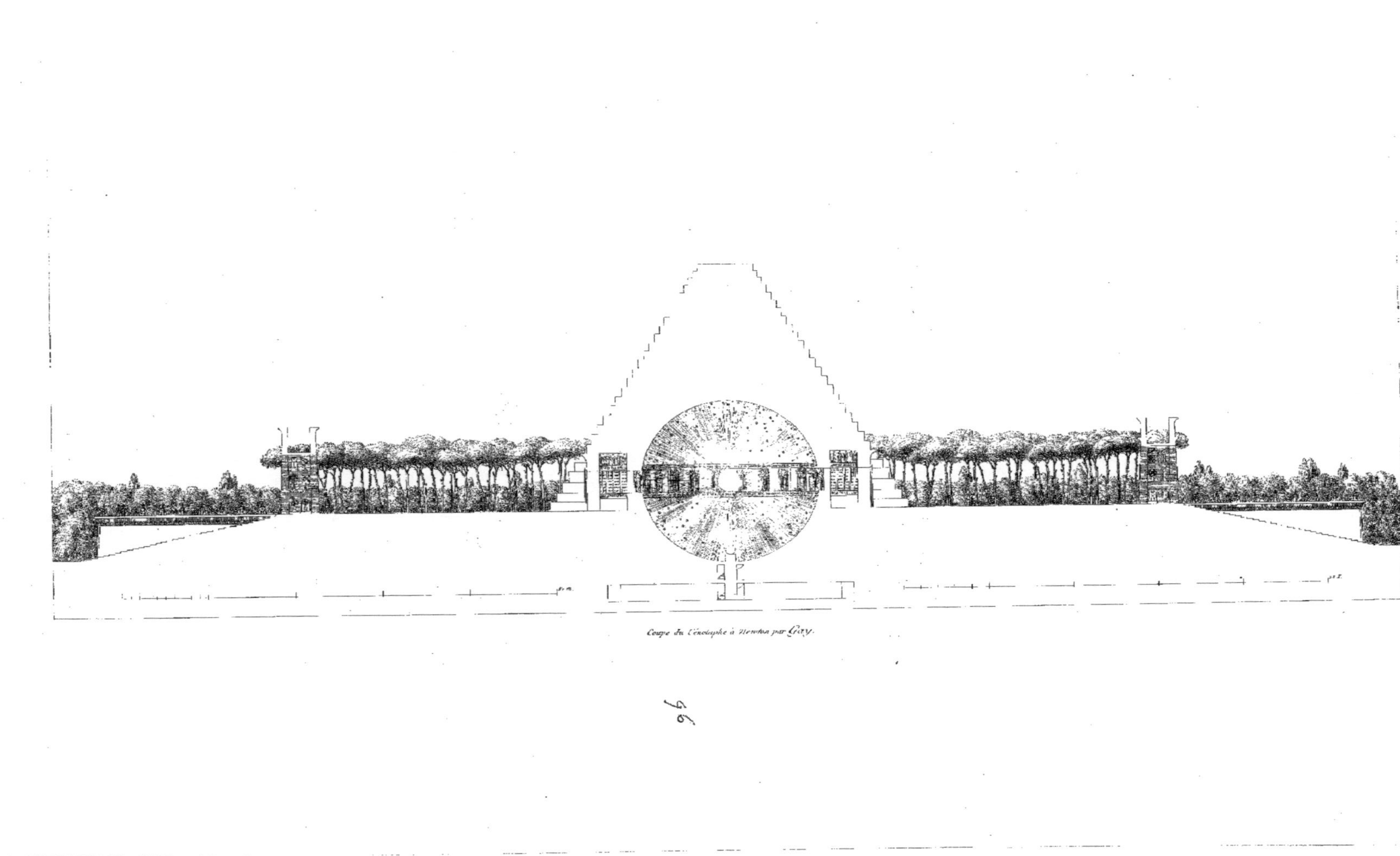
Coupe du Cénotaphe à Newton par Gay.

96

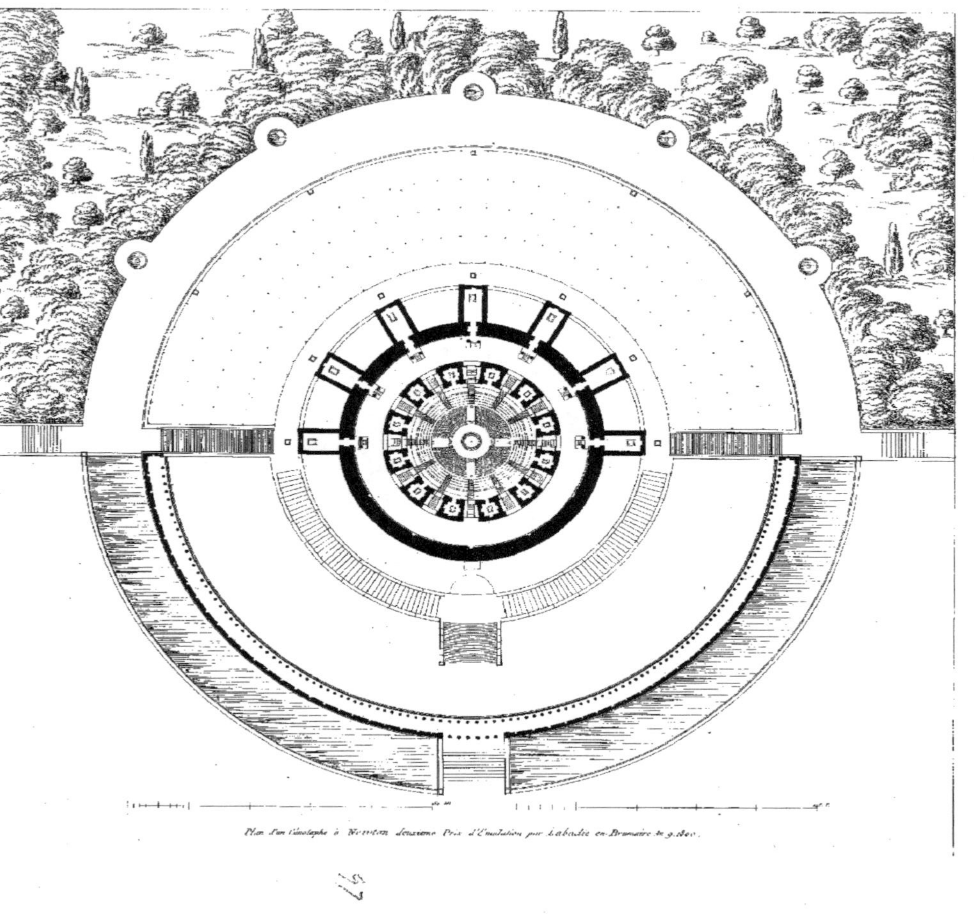

Plan d'un Cénotaphe à Newton deuxième Prix d'Emulation par Labadie en Brumaire an 9. 1800.

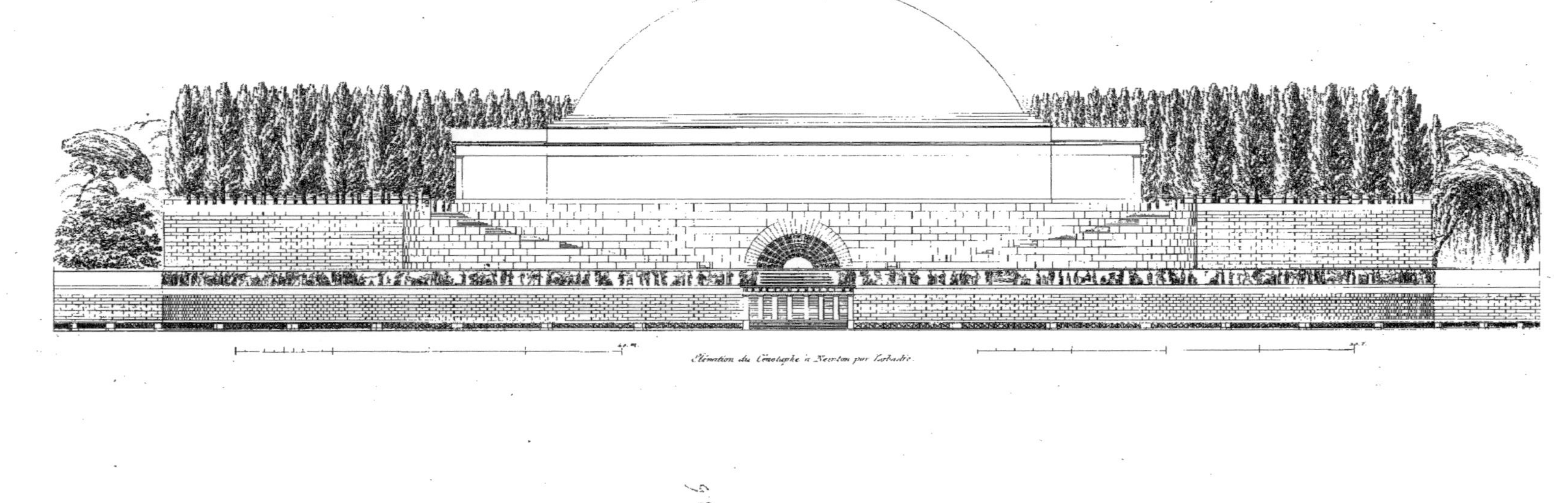

Élévation du Cénotaphe à Newton par Labadie.

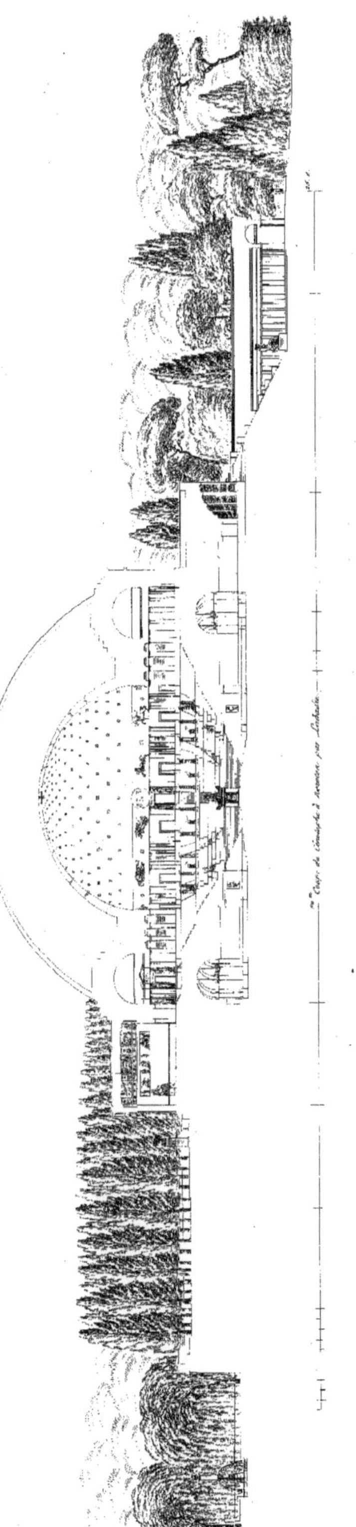

99

Plan d'une Basilique ou Temple chrétien, Sujet d'un prix d'émulation, 1re médaille Obtenue par Hyppolite Lebas. Le 30. Germinal An 9 - 1801.

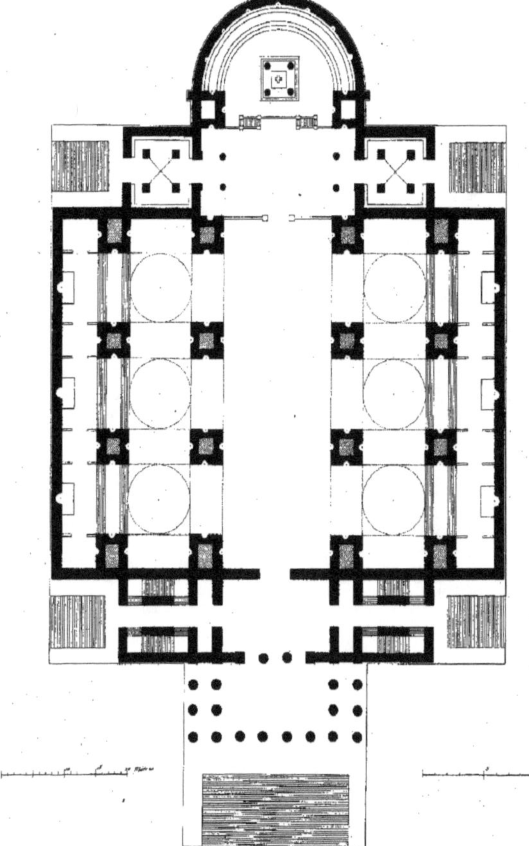

PROGRAME

On demande une Basilique pour une Ville Capitale : On évitera d'y projeter un Dôme, l'expérience ayant fait reconnoître les divers inconvéniens qu'entraînent ces sortes de Constructions : mais pour que l'Edifice s'annonce au loin, On élevera deux tours a son frontispice. cette Basilique est supposée élevée sur une place publique et isolée de toutes parts. sa plus grande dimension n'excédera pas 100. mètres

EGO SUM DOMINUS DEUS TUUS NON HAB·D·AL·

Élévation de la Basilique ou Temple chrétien par Lebas.

101

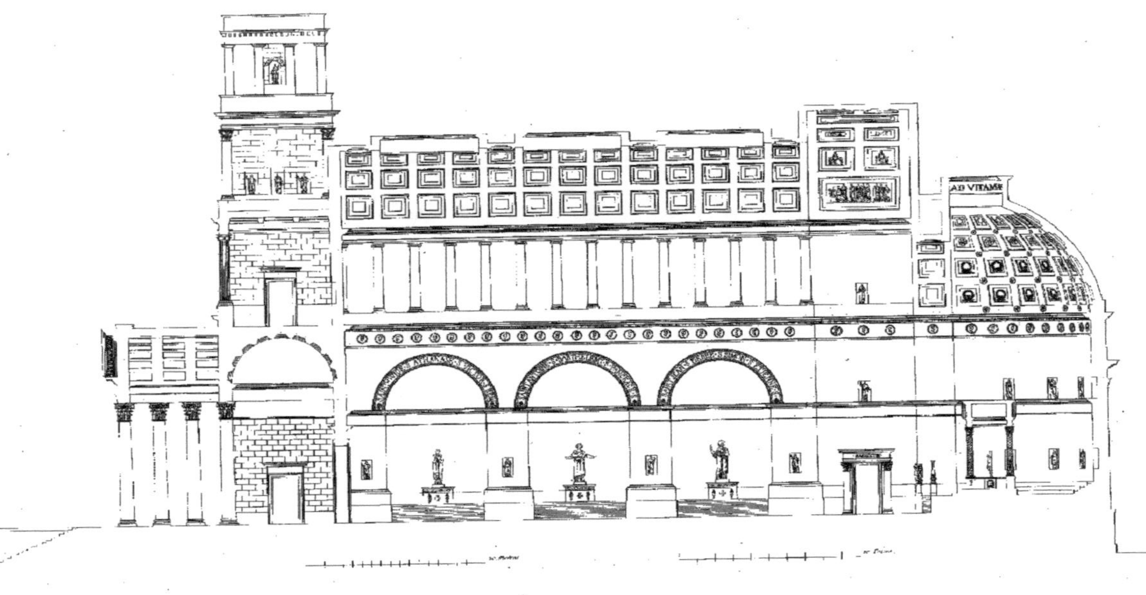

Coupe de la Basilique ou Temple chrétien par Lebas

102

100 mètres

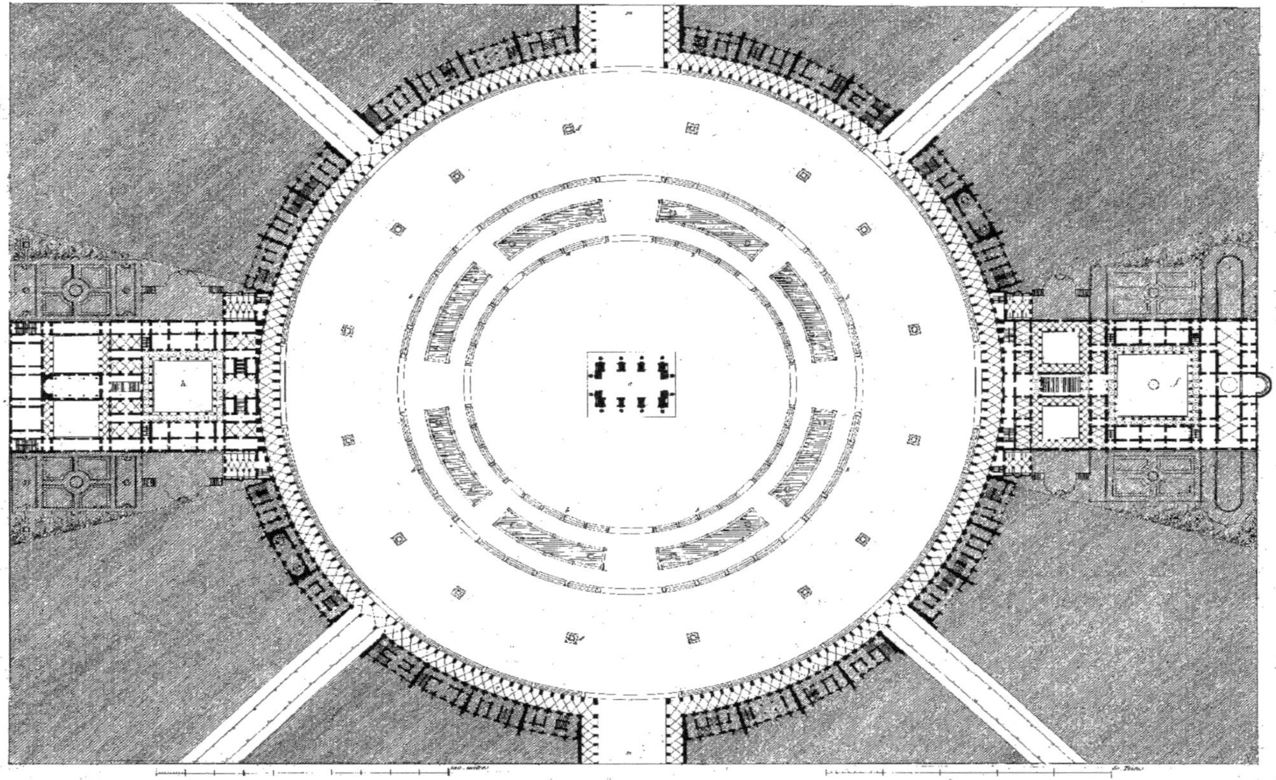

RENVOIS

a. Arc de triomphe
b. Statues des hommes illustres
c. Canal
d. fontaines jaillissantes
e. galerie couverte autour de la place
f. Palais du Ministre de la Guerre
g. Vestibules des hotels des généraux
h. Palais du Ministre des relations extérieures
i. Vestibules des hotels des ambassadeurs
m. Voie triomphale

FORUM ou PLACE PUBLIQUE

Et la paix

Sujet du grand prix proposé
par l'Institut national et remporté
par Famin
en 1801. An 9e. de la République

PROGRAME

Cette Place sera décorée d'un Arc de triomphe aux armées françaises et de deux Palais, l'un pour le Ministre de la Guerre, l'autre pour le Ministre des relations extérieures. On sera libre sur la forme de la place qui n'excédera pas 40.000 mètres de superficie.

Élévation du forum par famin.

Élévation principale de l'arc de triomphe faisant partie du projet de forum par [illegible]

Coupe et Élévation latérale de l'Arc de triomphe faisant partie du projet de forum, par Famin.

106

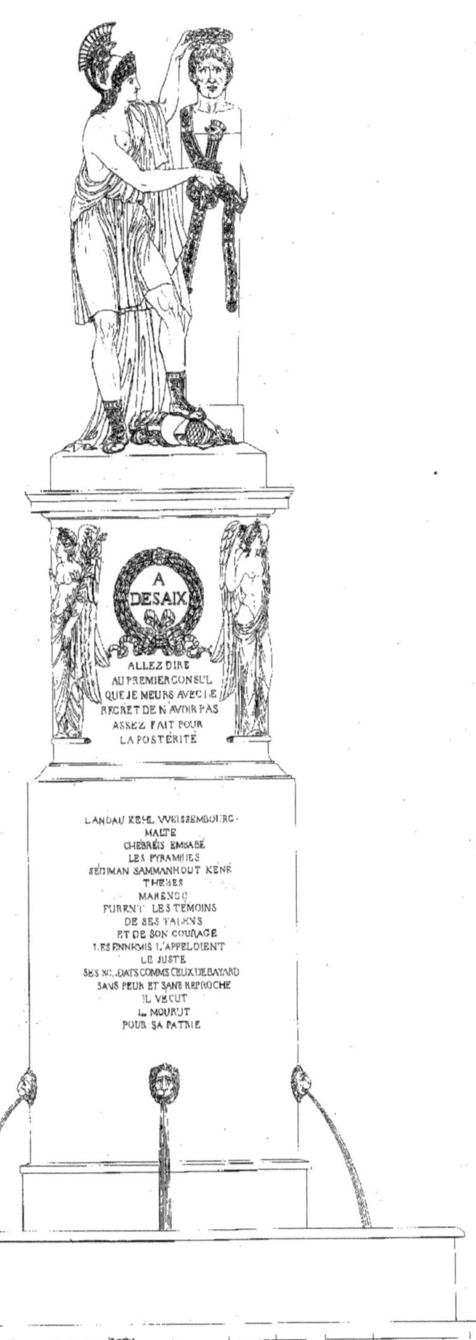

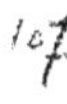

Monument à la mémoire du Général Desaix, 1er prix Obtenu dans un Concours public par C. Percier en l'An 9 ... 1801. Érigé à Paris sur la place Thionville ..... La sculture est Exécutée par Fortin.

Plan de la place Thionville ci-devant dauphine sur la quelle est érigé le Monument a la mémoire du Général Desaix. Le projet mis au Concours par une réunion de Souscripteurs, exécuté à leurs frais d'après Les Dessins de C. Percier fut terminé le 25 prairial An 11. 1803. Jour anniversaire de la Bataille de marengo.

Bas-relief qui décore le Piédestal du monument.

PROGRAME

Le Sujet proposé est une fontaine publique destinée par son ensemble et par ses Ornemens à rappeller les circonstances Les plus mémorables de la vie du héros que la france regrette. la Dépense ne pourra excéder vingt-cinq mille francs.

Monument à la mémoire du Général Desaix, 2.me prix obtenu par Barthelemy Vignon en l'An 9. 1801.

109

DESAIX MORT
A MARINGO

Monument à la memoire de Desaix.

3me prix obtenu par Famin et Grandjean

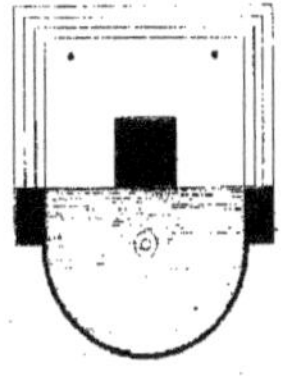

FOIRE.

Sujet du grand prix proposé par l'Institut national et remporté par Rohault en 1802, l'an 10 de la République.

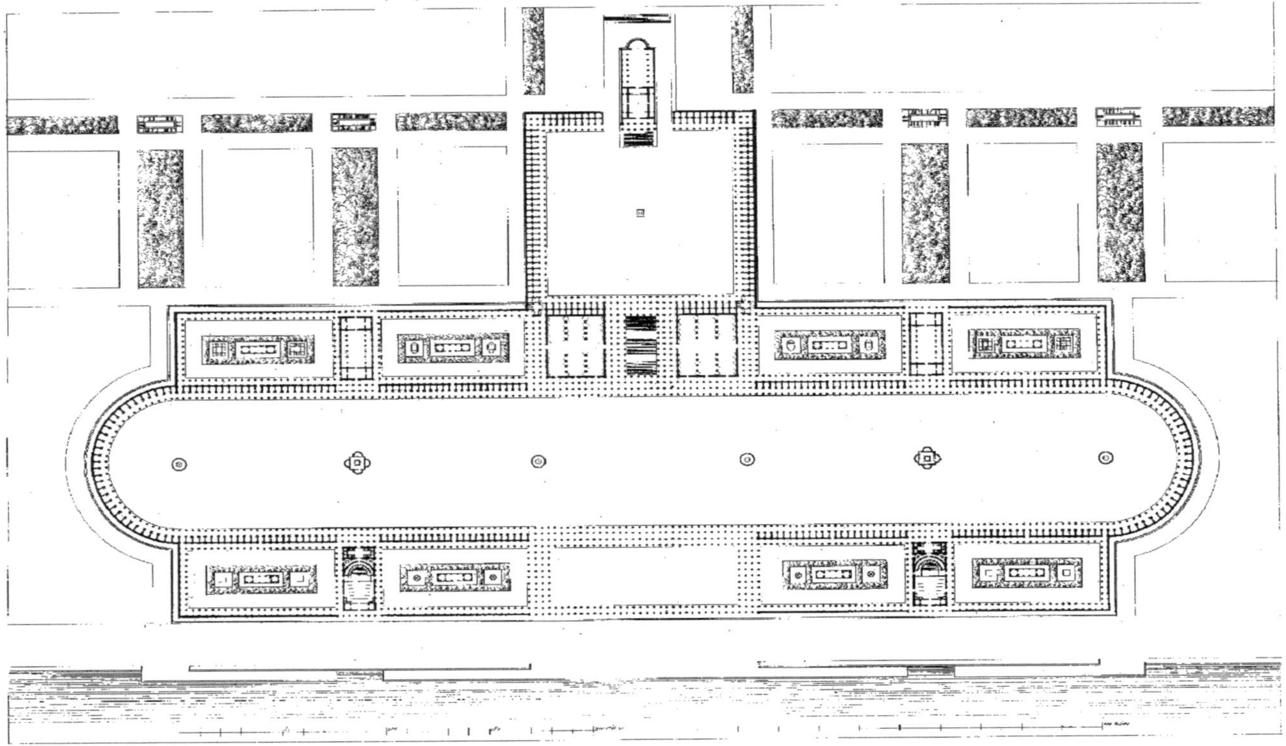

PROGRAMME.

On demande une foire dans une grande ville et située sur les bords d'un fleuve. Il y aura un local particulier pour l'Exposition des productions de l'industrie nationale, les Boutiques nécessaires aux Marchands, des Dépôts et Magazins, une salle de réunion pour le Jury spécial et des Bureaux d'administrations, des salles de Spectacle et des Corps de Garde.

Élévation générale et portion de la même élévation de la foire par Rohault.

Coupe de la Serre par Rohaut.

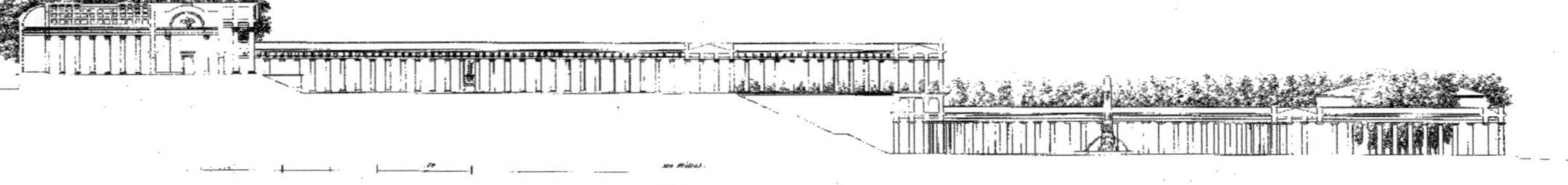

113

Plan d'un Port de Navigation intérieure, Sujet du grand prix proposé par l'Institut N.al et remporté par Pagot en l'An 11..1803.

PROGRAMME. *On demande un Port destiné à recevoir plusieurs Canaux de Navigation intérieure, dans l'enceinte du quel serait placé un Monument de reconnaissance, à la gloire du premier Consul; Ce Port ne doit être masqué par aucun édifice, du coté de la Rivière, mais il pourra être borné du côté opposé, par des batimens à l'usage du Commerce, Comme Douane, Bourse, Halles, Bureaux de perception, Maisons d'habitation, Portiques &c. il doit être, en outre, abordé par de grandes routes et de vastes promenoirs, dans le lieu le plus apparent sera placé le Monument. Le Terrain n'excédera pas 90 000. metres de Superficie.*

Élévation générale du Port de Navigation intérieure par Sagot.

Coupe générale du Port de Navigation intérieure par Pagot.

Élévation du Monument faisant partie du projet de Port de Navigation intérieure, par Gayot.

Coupe du Monument faisant partie du Port de Navigation intérieure, par Pagot.

CONQUETE DE L'ITALIE

ILLUSTRATION DE LA FRANCE

CONQUESTE DE L'EGYPTE

10 mètres.

118

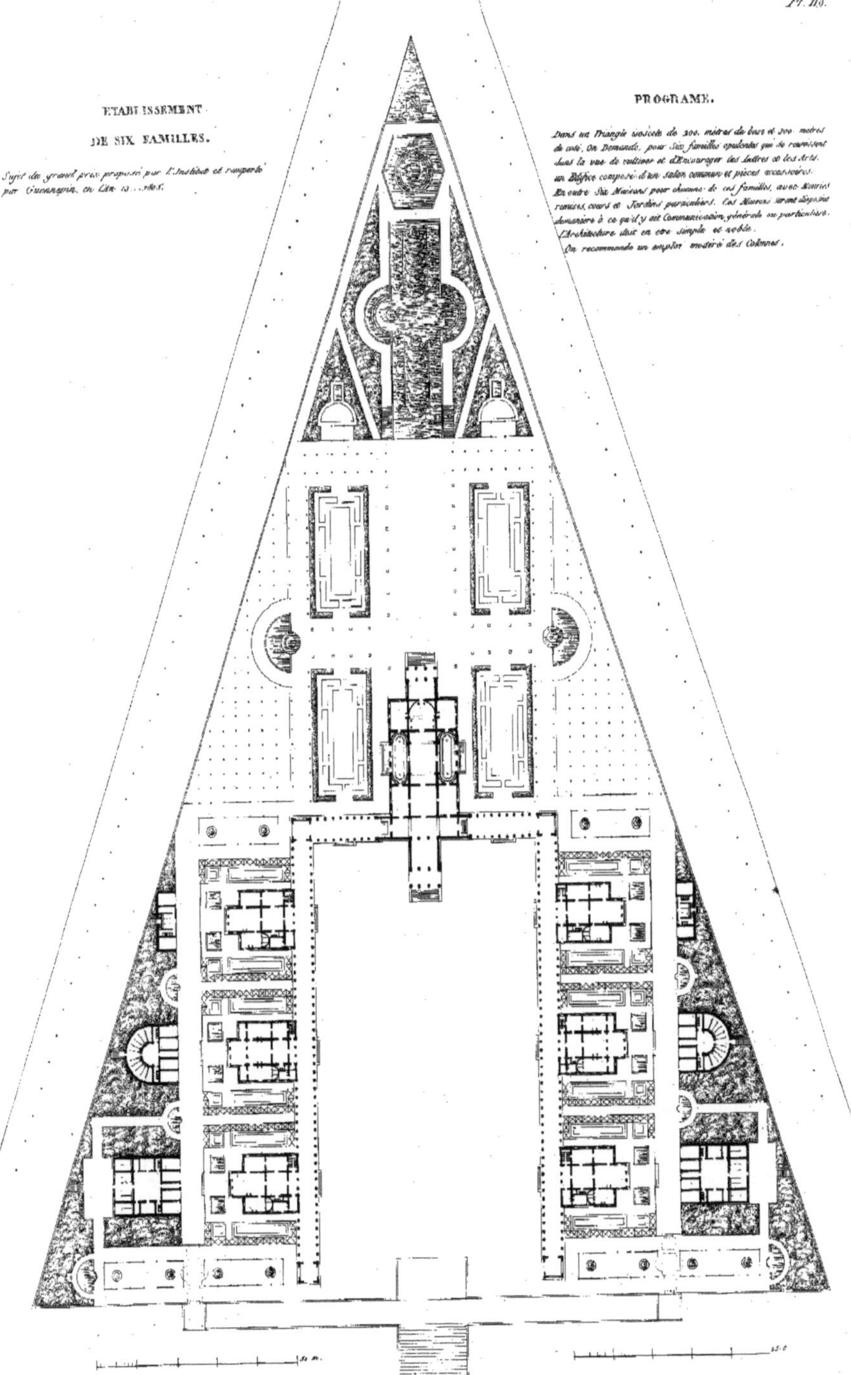
ETABLISSEMENT
DE SIX FAMILLES.
Sujet du grand prix proposé par l'Institut et remporté
par Gueanepin, en l'an 13 ... 1805.
PROGRAME.
Dans un Triangle isoscèle de 200. mètres de base et 300. mètres
de coté, On Demande, pour Six familles opulentes qui se réunissent
dans la vue de cultiver et d'Encourager les Lettres et les Arts.
un Edifice composé d'un Salon commun et pièces accessoires.
En outre Six Maisons pour chacune de ces familles, avec Ecuries
remises, cours et Jardins particuliers. Ces Maisons seront disposées
de manière à ce qu'il y ait Communication générale ou particulière.
L'Architecture doit en etre simple et noble.
On recommande un emploi moderé des Colonnes.

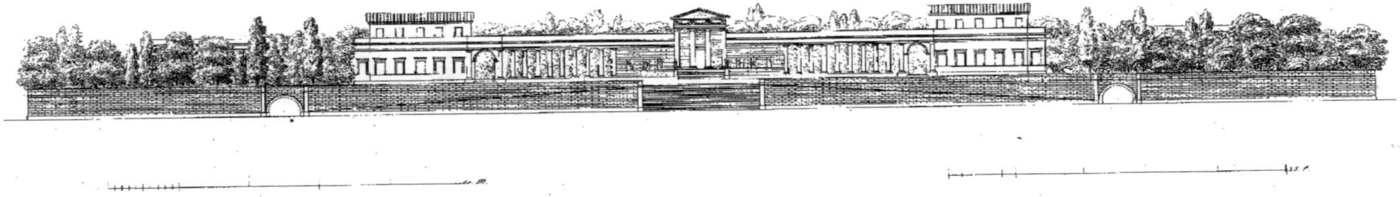

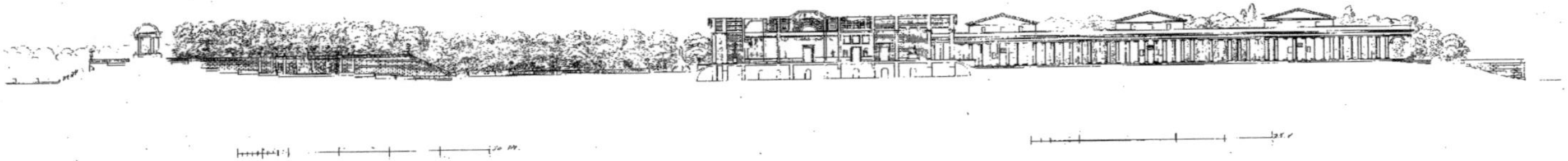

Élévation et coupe du Projet de Six Maisons réunies, par Guenepin... 1.er Grand Prix.

www.ingramcontent.com/pod-product-compliance
Lightning Source LLC
LaVergne TN
LVHW012021220826
846092LV00001B/440

9782329755588